Paris
1871

Laboulaye, Édouard-René Lefebvre de

*La République constitutionnelle*

# LA
# RÉPUBLIQUE
## CONSTITUTIONNELLE

PARIS. — IMP. SIMON RAÇON ET COMP., RUE D'ERFURTH

# LA

# RÉPUBLIQUE

## CONSTITUTIONNELLE

PAR

M. ÉDOUARD LABOULAYE

DE L'INSTITUT

Auteur de *Paris en Amérique*, de *l'Histoire des États-Unis*, etc., etc.





PARIS

CHARPENTIER ET Cie, LIBRAIRES-ÉDITEURS

28, QUAI DU LOUVRE, 28

1871

# LA

# RÉPUBLIQUE CONSTITUTIONNELLE

---

Mon cher ami [1],

Dans un moment où la France affolée cherche sa voie et ne la trouve pas, vous me demandez de dire quel est, à mon avis, le programme politique le mieux fait pour fixer l'opinion et rallier les esprits. C'est me demander quel est le gouvernement qui peut le mieux garantir à la France au dehors l'indépendance, au dedans la sécurité et toutes les libertés que les institu-

[1] Cet écrit est adressé à M. Eugène Yung, directeur du *Journal de Lyon*.

tions politiques ont pour objet de protéger. C'est une grosse question. Mais la grandeur d'un problème n'en fait pas la difficulté. Ici la solution serait aisée si l'on ne consultait que l'expérience et la raison. Par malheur nous sommes en révolution, c'est-à-dire en un temps où le fanatisme, l'utopie, la passion, l'intrigue font tant de bruit que le bon sens a peu de chance d'être écouté. C'est aux amis de la paix, du travail, de la liberté, de la justice, c'est-à-dire aux vrais patriotes, qu'il appartient de sauver la France en arborant un drapeau qui réunisse tous les honnêtes gens.

Ce ne sont pas les gouvernements qui manqueront à la France. Il y en a quatre qui s'offrent chacun pour relever le pays. La légitimité, l'orléanisme, l'empire, la république ont des partisans dévoués. Je ne veux pas examiner les qualités et les défauts de ces différents régimes; je ne convertirais aucun de ceux qui les soutiennent, mais en m'adressant aux hommes impartiaux qui ne cherchent que l'intérêt de la France, je dirai que de tous ces gouvernements il en est trois qui, à tort ou à raison, suscitent des répugnances nombreuses et peuvent allumer le feu de la guerre civile. Est-il douteux que la légitimité, l'empire, les d'Orléans seront attaqués, dès le premier jour, par la coalition de tous les autres partis? De ces trois gouvernements, quel que soit celui qui s'établisse, quelle que soit l'honnêteté de ses intentions, il sera sur la défensive dès le premier jour; il en sera bientôt réduit à faire des lois d'exception. Nous recommencerons ces luttes civiles qui depuis quatre-vingts ans épuisent le pays en armant les uns contre les autres des hommes que le hasard des circonstances ou l'éducation met aux prises, au grand dommage de la patrie qui a besoin de toutes les lumières et de tous les dévouements. Aujourd'hui surtout, dans le naufrage universel, nous n'avons point de forces à perdre; il nous faut l'union et le concours de tous les citoyens.

Cette union, ce concours, la République seule peut l'amener en ce moment. Elle appelle à soi tout le monde, elle n'exclut personne. Légitimistes, impérialistes, orléanistes ont leur place dans ce gouvernement de la nation par elle-même. Un parti a pu renverser l'empire abandonné de tous et proclamer la République, mais l'établissement de la République ne sera pas l'œuvre d'un parti; il n'y aura ni vainqueurs ni vaincus.

Je ne suis pas de ceux qui mettent la République au-dessus du suffrage universel; je n'ai jamais rien compris à ce droit divin de nouvelle espèce; j'estime que les gouvernements sont faits pour les peuples, et non pas les peuples pour les gouvernements. La France a donc le droit de rejeter la République, si la majorité de la nation n'en veut pas; mais je crois qu'aujourd'hui il est de son intérêt de la conserver et de la constituer. La République existe, ce qui est beaucoup pour un gouvernement; avec un peu de sagesse, on peut en faire un régime durable et qui donne une garantie sérieuse à tous les droits et à tous les intérêts. En acceptant la République, la France fera un mariage de raison, c'est pour cela peut-être qu'elle trouvera enfin le repos et le bien-être qu'elle poursuit en vain de-
si longtemps.

Maintenant quelle est la république qui con-
la France? C'est là le point capital; car
nom de République est une étiquette aussi vague que le nom de monarchie; il désigne les gouvernements les plus divers et les plus opposés. La république de Venise était une aristocratie, celle de Hollande une monarchie tempérée, celle

de la Convention une dictature, et en ce moment même nous voyons la Commune de Paris appeler République ce qui n'est qu'une explosion de démagogie.

La République qui convient à la France, c'est celle qui ressemble au gouvernement de l'Amérique et de la Suisse; je la qualifie d'un mot : c'est la RÉPUBLIQUE CONSTITUTIONNELLE.

Nous savons tous ce que c'est qu'un gouvernement constitutionnel; il ne faut pas de longs discours pour nous rappeler quelques vérités d'expérience, quelques principes qui nous sont familiers.

Les hommes vivent en société, non-seulement par un instinct naturel, mais parce que c'est dans la société seulement qu'ils peuvent développer leur activité, et trouver leur bonheur dans ce développement. La sûreté des personnes, du travail et de la propriété, fruit du travail, la liberté d'action, la liberté de conscience et de paroles, la facilité de s'associer et de se réunir en vue d'un bien commun : tels sont ce qu'on peut appeler les droits naturels de l'homme en société. C'est pour garantir ces droits, c'est-à-dire pour les protéger contre toute attaque du dehors ou du dedans, que les peuples ont établi des gouvernements. Un gouvernement est bon quand il maintient toutes ces libertés par de justes lois; il est mauvais quand, dans un intérêt égoïste, il empiète sur ces droits individuels. En ce sens les deux vers de Pope, qu'on a si souvent répétés, renferment une éternelle vérité :

*For forms of government let fools contest;*
*Whate'er is best administer'd is best*[1].

Mais, en supposant chez les administrateurs une même honnêteté, quel est le régime qui offre les meilleures chances d'une bonne administration? L'histoire et l'expérience répondent que c'est un gouvernement où tous les pouvoirs ne sont pas réunis dans la même main. La division des pouvoirs est la condition essentielle d'un bon gouvernement.

Cette division nous est familière; elle est la même dans tous les pays constitutionnels, qu'ils se nomment monarchie ou qu'ils se nomment république. Deux chambres, un pouvoir exécutif indépendant et responsable, un pouvoir judi-

[1] Laissez les sots se disputer sur la meilleure forme de gouvernement; le mieux administré est le meilleur.

ciaire qui soumet au joug de la loi aussi bien ceux qui gouvernent que ceux qui sont gouvernés : voilà les éléments de la liberté politique chez les peuples modernes. Joignez-y la déclaration des droits individuels, que le législateur ne peut entamer, puisqu'il est institué pour en assurer le respect : voilà en peu de mots toute la charte de la république constitutionnelle. Pas n'est besoin de convoquer une assemblée constituante et de suspendre la vie du pays pour la rédiger. Ce qui est difficile en ce moment, à cause de la division des partis, c'est de choisir la forme du gouvernement. Mais, cette forme arrêtée, tout le reste va de soi ; il ne faut pas vingt-quatre heures pour rédiger une constitution connue par avance et acceptée de tous. Les nouveautés réussissent rarement en politique ; il est remarquable que les constitutions les plus lentement élaborées sont celles qui ont duré le moins longtemps. La constitution de 1791 a demandé plus de deux ans de délibération, elle n'a pas vécu six mois ; la charte, rapidement rédigée en 1814, et non moins rapidement modifiée en 1830, a duré trente-quatre ans. C'est que le législateur de 1791 inventait un gouvernement, tandis que celui de

1814 se contentait de mettre en articles des axiomes constitutionnels empruntés à l'Angleterre, mais depuis longtemps naturalisés en France par Montesquieu, Delolme et Mirabeau.

Il est cependant un obstacle à l'établissement de la république constitutionnelle, un péril qui menace la liberté. La plupart de nos républicains de vieille souche n'admettent qu'une chambre unique et demandent l'affaiblissement, sinon même l'anéantissement du pouvoir exécutif. C'est là une erreur particulière à la France et depuis longtemps condamnée en Amérique comme en Hollande, en Belgique comme en Suisse. Ces fausses idées ont perdu la France en 1791, en 1793, en 1848. Y persister c'est marcher à l'abîme. On peut affirmer à coup sûr qu'avec une chambre unique et un pouvoir exécutif sans puissance, la république de 1871 périra comme ses devancières, et par la faute du législateur.

Qu'est-ce, en effet, qu'une chambre unique? C'est la dictature en permanence. Un pouvoir législatif que rien ne tempère, c'est le despotisme. Il n'y a pas de garanties pour la liberté. On peut à coups de lois supprimer tous les droits des citoyens, décréter la confiscation, la proscription, les transportations sans jugement. Qu'on se rappelle 1793 et même 1848. Que reprochait-on à l'empire? C'était que le pouvoir absolu ôtait toute sécurité à la nation. Il suffisait d'un décret pour déclarer la guerre, ou pour bouleverser toutes les conditions du travail par un traité de commerce ou un règlement de douanes. Une chambre unique a naturellement la même autorité, avec cette différence, toute à l'avantage de l'empire, qu'un homme est responsable devant l'opinion et qu'une assemblée ne l'est pas.

Ce n'est pas tout. Une assemblée composée d'un grand nombre de membres est un pouvoir ondoyant et variable. Elle n'a pas cet esprit de suite qui est l'esprit de gouvernement. Étrangère au maniement des hommes et des intérêts, ignorante et passionnée, elle change sans cesse, et, par cela même, elle entretient l'inquiétude dans le pays. Les partis cherchent à la dominer, comme les courtisans cherchent à dominer les princes, sachant bien qu'en s'en emparant on a tout. La chambre devient donc l'arène des ambitions les moins légitimes; le peuple est trahi par ses défenseurs. Cromwell est sorti du Long-Parlement, et si, en 1780, l'Amérique n'a pas tourné à la monarchie, c'est qu'elle a eu la rare fortune d'avoir à sa tête un homme unique dans l'histoire. Mais qui peut se flatter de retrouver un Washington?

La division du Corps législatif est une condition essentielle de la liberté. C'est la seule garantie qui assure la nation contre l'usurpation de ses mandataires. C'est donc une institution foncièrement républicaine ; aussi, tout récemment, la Suisse l'a-t-elle empruntée aux États-Unis. Au sortir des excès de la Convention, les législateurs de l'an III, Daunou, Boissy d'Anglas et d'autres vieux amis de la liberté, s'étaient hâtés d'établir le conseil des Anciens à côté du conseil des Cinq-Cents. C'était à l'unité du pouvoir législatif qu'ils attribuaient les fautes et les excès de la Convention. En 1848, il a fallu chez nos législateurs un singulier dédain de l'histoire pour oublier la leçon du passé; mais on ne fait pas impunément violence à la nature des choses, et l'expérience nous a coûté assez cher pour qu'il soit sage d'en profiter.

Enfin, dans une république où l'élection renouvelle sans cesse le pouvoir législatif et le pouvoir exécutif, il faut un point fixe, une autorité durable qui conserve la tradition. Quelle politique peut-on suivre au dehors, quelles alliances peut-on contracter, quand il suffit d'un jour d'élection pour emporter les hommes et les idées? Ce conseil permanent, ce sénat qui a fait la grandeur de Rome et de Venise, les Américains l'ont constitué chez eux de la façon la plus forte et la plus ingénieuse. Un corps peu nombreux, nommé par le suffrage à deux degrés, qui se renouvelle par tiers tous les deux ans, et qui, tout en se retrempant périodiquement dans la nation, est permanent par son esprit et par ses traditions, c'est là le chef-d'œuvre de la constitution américaine et le secret de sa durée. Avec une seule chambre, on peut avoir une démagogie turbulente; avec deux chambres, il est aisé de fonder une démocratie plus sage en ses desseins et plus persévérante qu'une monarchie. A moins de nous résigner à ne plus être rien en Europe et à nous perdre par l'anarchie, il nous faut un sénat comme aux États-Unis.

Quant au pouvoir exécutif, c'est encore une erreur révolutionnaire que de le traiter en ennemi. Bossuet a dit avec un grand sens : « Ce que vous voulez faible à vous opprimer devient impuissant à vous protéger. » Il faut définir les attributions de l'autorité centrale, mais elle a une sphère légitime, et dans cette sphère rien ne doit gêner son action. Elle est la force au service de la loi; l'affaiblir, c'est énerver la justice et compromettre la sécurité publique. C'est dans la courte durée de la fonction, c'est dans la responsabilité du magistrat suprême qu'est la garantie de la nation. Ainsi l'avaient compris les Romains, ces maîtres dans l'art de gouverner; ainsi l'ont établi les Américains, ces grands organisateurs de la démocratie moderne. Aux États-Unis, le président n'est pas moins le représentant du peuple que le congrès; ce ne sont pas des pouvoirs subordonnés, mais des pouvoirs indépendants; et c'est cette indépendance même qui, en contenant les deux pouvoirs l'un par l'autre, empêche que ni l'un ni l'autre n'usurpe sur la nation. Faire du président le simple ministre, le serviteur de l'assemblée, c'est fonder le despotisme du Corps législatif; ce n'est nullement assurer les droits des citoyens.

L'organisation judiciaire peut varier de formes suivant les usages, les mœurs, la tradition de chaque pays. Mais la justice n'est un pouvoir dans l'État qu'à deux conditions ; il faut qu'elle soit indépendante, et en quelque façon souveraine dans sa sphère ; il faut de plus que le magistrat n'ait rien à craindre ni à espérer du pouvoir. En attirant à soi toutes les causes qui intéressent la liberté et l'honneur du citoyen, le jury facilite singulièrement la première de ces conditions ; quant à la seconde, il suffit que le magistrat soit inamovible et qu'il n'y ait pas d'avancement pour lui, comme en Angleterre, ou que du moins, comme en Belgique, son avancement ne dépende en rien du gouvernement. Le magistrat ne doit jamais se considérer comme l'auxiliaire ou l'appui du gouvernement, il ne doit connaître que la loi, dont il est le grand prêtre ; il doit forcer les citoyens et le pouvoir lui-même à respecter la loi.

Pour donner au pays la sécurité et la liberté, il ne suffit pas d'établir une bonne constitution, c'est-à-dire de distribuer sagement les pouvoirs, il faut encore que la constitution soit accompagnée de ces institutions organiques qui habituent un peuple à l'exercice de la vie publique. Nous manquons de mœurs politiques, c'est la grande cause de nos révolutions.

Parmi ces institutions organiques, il en est une qui, aujourd'hui, a toute la faveur populaire; aussi n'en dirai-je que quelques mots. La centralisation révolutionnaire et impériale nous a fait tant de mal, Paris a tellement fatigué la France par ses révolutions et ses coups de main, que tous les partis inscrivent sur leur drapeau le mot de décentralisation.

La province veut vivre de sa vie propre, et n'entend plus que Paris lui impose sa volonté ou ses caprices. La province a raison. La réforme qu'elle demande est juste et nécessaire; c'est un progrès considérable si, par décentralisation, on entend seulement une plus grande liberté administrative. A l'individu ce qui appartient à l'individu, à la commune ce qui appartient à la commune, au département ou à la région ce qui appartient au département ou à la région, à l'État enfin ce qui appartient à l'État, voilà une formule excellente. Il y aura des difficultés d'exécution, on se querellera sur les détails, mais le principe une fois admis, on finira par s'entendre. Tout ceci est l'œuvre de l'opinion et de la législation.

Mais ce qui serait souverainement dangereux, ce serait de ressusciter des institutions mortes depuis longtemps, et de chercher la garantie de la liberté dans une décentralisation politique. L'unité a fait la force de la France ; elle lui est chère à juste titre, et ce n'est pas au moment où la Prusse nous prend notre système politique pour le retourner contre nous, qu'on peut songer à couper le pays en morceaux et à faire plusieurs États dans l'État. Cette réforme à reculons, cette soi-disant fédération de communes souveraines, serait antipathique à notre génie national ; ce serait une cause d'affaiblissement et de ruine. Proclamons, comme nos pères, la République une et indivisible. Au milieu de nos misères et de nos humiliations, nous sentons, plus vivement que jamais, qu'il n'y a dans toute la France qu'un cœur et qu'une âme. Quand nos intérêts locaux sont en jeu, nous sommes Bretons, Provençaux ou Lyonnais ; mais quand il s'agit de l'intérêt commun, quand on prononce le nom de patrie, nous sommes tous Français, et toutes les nuances particulières s'évanouissent. Gardons cet esprit national ; lui seul nous permet de ne pas désespérer de l'avenir.

Je ne dirai rien de l'armée ; je suis incompétent sur une pareille question. Il est visible que pour résister à l'arrogance de la Prusse nous serons obligé de lui emprunter son système militaire et d'armer toute la nation. Politiquement, cette réforme, si elle est bien dirigée, peut avoir la plus heureuse influence. Si elle rend à la nation deux vertus qui lui manquent : l'obéissance et le respect ; si elle rétablit la discipline, favorise l'éducation générale et combat énergiquement l'ivrognerie, la loi militaire fera de nous un peuple nouveau, ou plutôt elle nous rendra notre grandeur en nous rendant les vieilles qualités qui constituaient l'honneur français.

Quant au suffrage universel, on sent qu'il n'a pas justifié les espérances de ses fondateurs. Il a fait l'empire et pourrait bien une fois encore défaire la République. *La faute en est au législateur* de 1848 ; il a tout donné au nombre, au lieu de lui faire simplement sa part légitime. Qu'est-ce par exemple que le scrutin de liste, sinon le sacrifice des intérêts les plus respectables à une abstraction mathématique ? Est-il juste que Lyon ou Bordeaux n'aient pas de représentant, parce que le vote des populations rurales étouffe celui de la ville ? Serait-il juste que le vote des villes étouffât celui des campagnes ? Non, il y a des intérêts locaux qui ont droit d'être représentés dans les conseils de la nation. Il faut établir des circonscriptions électorales qui donnent satisfaction à ces intérêts. Ce n'est pas tout. Le premier droit d'un peuple n'est pas de nommer directement ses magistrats ; le premier droit d'un peuple et son premier besoin, c'est d'être bien gouverné. Le nombre est la force, il n'est pas nécessairement la sagesse. Les Américains ont bien compris le problème ; ils l'ont résolu en donnant au suffrage universel le choix de la chambre des représentants, et en réservant au suffrage à deux degrés l'élection du président et du Sénat. Grâce à ce sage tempérament ils ont obtenu la plus grande liberté réunie à la plus grande sécurité. A nous montrer plus démocrates que les Américains, nous risquons fort de prendre l'ombre pour la proie, et de nous perdre une fois de plus dans l'abîme où nos devanciers ont péri.

Je n'insisterai pas sur le droit d'association ni sur le droit de réunion. Si l'on refuse aux citoyens la faculté de s'entendre, de se grouper, et d'agir par un effort commun, si la société ne prend pas à sa charge une foule de fonctions qui embarrassent le gouvernement, si elle laisse à l'administration le soin de tout prévoir, de tout régler, de tout faire, il est évident qu'il ne faut plus parler de liberté. La première condition d'un gouvernement libre, c'est que l'État ne soit chargé que des intérêts généraux de la nation, et ne fasse que ce que les citoyens ne peuvent faire eux-mêmes.

Ce qui effraye et trompe beaucoup d'honnêtes gens, c'est qu'ils voient dans les clubs un abus inévitable du droit de réunion et du droit d'association. Je ne suis pas de cet avis; je crois que l'interdiction, au moins temporaire, des clubs est parfaitement conciliable avec la liberté. Le club est un corps politique qui se nomme lui-même, une chambre sans mandat qui s'attribue un contrôle perpétuel sur l'assemblée et le gouvernement légitimes; je ne vois pas qu'il soit nécessaire de tolérer cette usurpation. Chaque citoyen a droit de critiquer le gouvernement, mais il ne s'ensuit pas que les minorités aient le droit de se constituer en censeurs permanents et publics de l'autorité. Ainsi en avait jugé Washington, bon juge en de pareilles questions. Les clubs ont toujours tué la liberté en France, il est inutile de prolonger une expérience qui nous a coûté si cher.

Pour la liberté de la presse, c'est la pierre de touche des gouvernements. Dans un pays où la nation est souveraine, il ne peut pas être permis d'étouffer l'opinion par des mesures préventives qui font du droit de parler le privilége de quelques citoyens. Un gouvernement qui ne peut pas vivre avec la liberté de la presse, peut avoir des qualités administratives, mais assurément ce n'est pas un gouvernement républicain.

Il est deux réformes qui peuvent contribuer fortement à l'établissement de la République, c'est la séparation de l'Église et de l'État, c'est la liberté d'enseignement.

La séparation de l'Église et de l'État est aujourd'hui acceptée en principe par les esprits réfléchis. Mettre la religion en dehors de la politique, ce n'est point l'affaiblir, c'est lui rendre son véritable rôle. A se mêler à nos discordes civiles, l'Église n'a rien à gagner, elle a tout à perdre; sa mission est toute d'amour et de charité. Tant que l'Église restera attachée à l'État, elle sera persécutée, ou elle cherchera à dominer; elle ne sera maîtresse chez elle qu'en se renfermant dans le temple, en séparant le fidèle du citoyen. Quant à la République, elle sera chancelante tant qu'elle aura contre elle les femmes et les prêtres, mais rien n'est plus facile que de se faire un appui de ce qui est aujourd'hui un danger. L'Évangile est si favorable aux idées démocratiques, la liberté est tellement profitable à l'Église, le prêtre est si naturellement l'ami et le compagnon du pauvre et du petit, qu'en tout pays où l'Église est séparée de l'État, le prêtre est un ardent défenseur de la République et de la démocratie. Il suffit de voir les États-Unis et le Canada.

A vrai dire, toute la difficulté de la réforme est dans la question du traitement. Mais l'Angleterre vient de nous apprendre comment on dénoue ce nœud gordien sans le trancher. En abolissant l'Église d'État en Irlande, elle a considéré qu'en entrant dans les ordres, tous les prêtres existants avaient en quelque façon contracté avec elle; on leur a conservé leur traitement viager. On sait en Angleterre que la plupart du temps ce sont les intérêts particuliers qui font échouer les réformes les plus légitimes, et, pour assurer la réforme de l'Église, on a désarmé les intérêts. Belle et sage politique que nous ferons bien d'imiter.

La liberté d'enseignement, conséquence de la liberté religieuse et de la liberté d'opinions, est encore une réforme acceptée de tous. La décentralisation nous donnera sans doute des universités provinciales qui vivront par elles-mêmes, qui auront leur esprit particulier, qui garderont leurs professeurs et seront fières d'opposer leurs maîtres à ceux de Paris. On rallumera ces foyers de civilisation qui, dans la vieille monarchie, se nommèrent Dijon, Toulouse ou Montpellier. Plaise à Dieu que cette réforme ne se fasse pas attendre, car la concurrence est la vie des sciences et des lettres, et nous n'avons que trop souffert de l'uniformité.

De l'instruction secondaire je ne dirai rien, sinon qu'il serait temps de supprimer ces colléges d'internes, véritables prisons où l'enfant perd de bonne heure l'esprit de famille et le sentiment de sa responsabilité. C'est l'obéissance librement acceptée qui fait le caractère, ce n'est pas l'obéissance subie par frayeur ou par intérêt. L'internat, séminaire ou caserne, est une détestable école pour de futurs républicains.

Quant à l'éducation primaire, c'est la grande question du jour. Elle porte dans ses flancs l'avenir de la République. Il y a vingt ans que je le répète sur tous les tons : « Ou vous instruirez et vous élèverez le peuple en lui donnant l'esprit et les mœurs de la liberté, ou le suffrage universel ne sera jamais qu'un instrument de destruction. » La clef de voûte de la démocratie américaine, c'est l'éducation largement et gratuitement donnée par le canton à tous les enfants. Aux États-Unis, les écoles sont l'œuvre nationale par excellence, mais tous les citoyens s'y intéressent par le vote d'un impôt spécial et par la nomination des comités d'école. L'État n'a qu'une surveillance générale ; ce n'est pas lui qui fonde et administre les écoles, c'est le peuple lui-même qui instruit le peuple, et c'est à cause de cela qu'on fait des sacrifices énormes et qu'on obtient des résultats prodigieux.

Il n'y a pas d'ouvrier plus laborieux que l'ouvrier américain, il n'y en a point qu'il soit plus difficile de tromper avec de grands mots, par la raison toute simple qu'il n'y en a pas de plus instruit. Et à vrai dire, grâce à l'égalité de l'éducation première, l'Amérique ne connaît pas nos distinctions sociales ; le nom d'ouvrier est éclipsé par le titre de citoyen.

Reste une question qui ne figure pas d'ordinaire sur les programmes politiques, mais qui bientôt s'imposera à notre attention. La guerre nous a coûté fort cher, et la Prusse, avec un esprit de rapine qui déshonore sa victoire, a tout calculé pour nous ruiner. Dix milliards surchargeant une dette publique déjà lourde, c'est dans un avenir prochain une crise financière dont nous ne sortirons qu'avec les plus grands efforts. Nous sommes menacés du papier-monnaie et d'impôts excessifs. Il y a là un danger sérieux, non-seulement pour la fortune de la France, mais pour ses libertés. Un peuple qui souffre ne voit pas toujours la cause de son mal; il s'imagine aisément qu'il soulagera sa misère en changeant de gouvernement. Ici encore les États-Unis peuvent nous servir de modèle. La guerre de la sécession a laissé après elle le papier-monnaie et une dette de quinze milliards. Dès le premier jour les Américains ont fait des efforts inouïs pour rétablir la circulation métallique et pour amortir leur dette. Peuple industriel et commerçant, ils ont compris qu'avec une dette journalière de deux millions de francs, ils grevaient d'une charge énorme leur fabrication et leurs produits. Avec un courage héroïque, ils ont accepté une surcharge d'impôts pour rembourser leur dette et ils y arriveront dans un temps qui ne sera pas très-long. Pour nous, au contraire, si, restant fidèles à une fausse tradition, nous ne nous inquiétons pas de rembourser la dette et si nous en léguons la charge à l'avenir, nous blesserons au cœur notre industrie, nous la verrons passer entre les mains de rivaux plus riches et plus économes. Je n'insiste point davantage; s'il est une ville où l'on puisse apprécier la sagesse de la politique américaine, cette ville est Lyon assurément.

Je ne dis rien du socialisme. Les tristes événements de Paris doivent prouver aux moins incrédules que, s'il y a chez le peuple des souffrances véritables, on n'a pas trouvé de panacée pour les guérir. Tout au contraire, les révolutions ne font qu'aggraver les maux qu'elles prétendent abolir. L'éducation, la presse, l'association, la discussion, voilà les seuls moyens d'éclairer le peuple et de le faire travailler lui-même à l'amélioration de sa condition. Après s'être plaints d'être esclaves, les ouvriers, séduits par l'Internationale, ont essayé d'être les maîtres et d'imposer leurs conditions aux patrons. Qu'ont-ils gagné par la violence, sinon d'effrayer le capital et de détruire le travail? La violence ne peut engendrer que la misère. L'erreur des ouvriers leur a coûté assez cher, pour qu'ils en soient désabusés. Puissent-ils comprendre enfin que, s'il n'y a point de problème social que la liberté ne puisse résoudre, il n'en est aucun qu'on puisse résoudre sans la liberté!

En résumé, voici, selon moi, quel doit être le programme de la RÉPUBLIQUE CONSTITUTIONNELLE!

## I

### DROITS NATURELS DE L'HOMME EN SOCIÉTÉ.

Liberté de la personne et du travail, respect de la propriété et du capital.

Liberté de conscience, séparation de l'Église et de l'État.

Liberté d'opinions, liberté d'enseignement, liberté de la presse.

Droit d'association, droit de réunion, droit de pétition.

Il est bien entendu que, si la reconnaissance de

ces droits et de ces libertés interdit au législateur toute mesure préventive, elle n'empêche nullement de réprimer les excès et les abus.

## II

### GOUVERNEMENT.

Deux Chambres.

Un président responsable et temporaire, mais indépendant de l'Assemblée.

Un pouvoir judiciaire (magistrature et jury) qui fasse exécuter les lois, maintienne le président et les Chambres elles-mêmes dans le respect de la Constitution.

## III

### INSTITUTIONS ORGANIQUES.

Unité politique, décentralisation administrative.

Armée de citoyens ou plutôt nation armée.

Organisation du suffrage universel, abolition du scrutin de liste.

Éducation gratuite donnée à tous les enfants, comités d'écoles nommés par les citoyens.

Circulation métallique, énergique amortissement de la dette publique.

Le mérite de ce programme, c'est qu'il prend dans la tradition française et chez les peuples voisins tout ce qu'il y a de bon et d'utile; il n'invente rien, il n'innove pas, il ne demande point aux citoyens de pratiquer des institutions dont ils ne connaissent ni l'esprit ni la portée. La liberté constitutionnelle que nous demandons aujourd'hui, Mirabeau la réclamait en 1789, Daunou essayait de l'établir en l'an III, Benjamin Constant, Foy, Royer-Collard, le duc de Broglie, l'ont fait aimer à la France, de 1814 à 1830; une pratique imparfaite de ces institutions nous a relevé de l'invasion après 1815, et nous a donné trente-quatre ans de prospérité. Sous l'Empire enfin, on a réclamé sans cesse ces libertés qui nous ont été chères, et nous n'avons pas laissé prescrire cette glorieuse tradition. En adoptant la *République constitutionnelle*, la France, fort éprouvée et fort ébranlée, ne se lance donc pas dans l'inconnu. Elle n'a rien à oublier, rien à désapprendre; il lui suffit de pratiquer courageusement des institutions éprouvées. Que l'avenir nous réserve des questions et des solutions nouvelles, il n'importe; nous y serons d'autant mieux préparés que nous aurons pris les habitudes et les mœurs des peuples libres. Le plus pressé aujourd'hui, c'est d'échapper au naufrage, et nous n'avons qu'un mât de fortune pour gagner le port : c'est la liberté constitutionnelle. Ayons la prudence et l'énergie d'en user.

Au fond la France a toujours été modérée. Son grand malheur a été sa faiblesse; elle a trop souvent laissé les factieux s'emparer du pouvoir et lancer le pays dans les aventures. Mais toutes les fois que la France a été consultée, elle s'est prononcée pour le régime constitutionnel, qui protége ses intérêts et qui convient à son tempérament. Si violentes et si longues qu'aient été les agitations du pendule, c'est toujours à ce point qu'il s'est arrêté. Aujourd'hui la misère seule de notre situation suffirait pour nous imposer la sagesse; sachons en tirer notre salut.

A l'œuvre donc, tous les bons citoyens! Arborons le drapeau de la *République constitutionnelle*, et puissions-nous bientôt relever notre pays et lui rendre le rang qui lui appartient parmi les nations!

Voilà, mon cher ami, les principes que j'ai toujours défendus. L'étude, l'âge et l'expérience m'ont appris à me défier des chimères. C'est le bon sens qui gouverne le monde, et le régime constitutionnel n'est autre chose que la modération et le bon sens en politique. Si mon programme vous paraît utile, aidez-moi à le répandre, et puissé-je servir jusqu'à la fin cette France qui a rendu tant de services à la civilisation et à la liberté dans le monde entier, chère patrie que j'aime doublement depuis qu'elle est malheureuse et que tant de fils ingrats s'éloignent d'elle ou la maudissent au lieu de lui tendre la main!

Tout à vous,

Ed. Laboulaye.

Glatigny-Versailles, mai 1871.

PARIS. — IMP. SIMON RAÇON ET COMP., RUE D'ERFURTH, 1.

## ÉDOUARD LABOULAYE

**Paris en Amérique.** 26ᵉ édition. . . . . . . . . . . . 1 vol.

**Le Prince-Caniche.** 15ᵉ édition. . . . . . . . . . . . 1 vol.

**Abdallah**, ou le Trèfle à quatre feuilles, suivi de **Aziz et Aziza**. 4ᵉ édition, ornée du *portrait de l'auteur*. . . . . . . 1 vol.

**Souvenirs d'un voyageur**. Nouvelles (Marina. — Le Jasmin de Figline. — Le Château de la vie. — Le Rêve de Jodocus. — Don Ottavio). 4ᵉ édition. . . . . . . . . . . . . . . . . 1 vol.

**Contes bleus** (Yvon et Finette. — La bonne Femme. — Poucinet. — Contes bohêmes. — Les trois Citrons. — Pif paf, ou l'art de gouverner les hommes). 4ᵉ édition. . . . . . . . . . . 1 vol.

**Le parti libéral et son avenir**. 7ᵉ édition. . . . . . 1 vol.

**La liberté religieuse.** 4ᵉ édition. . . . . . . . . . 1 vol.

**Études morales** (De la personnalité divine. — La dévotion. — Mademoiselle de la Vallière. — Le rationalisme chrétien. — Les moines d'Occident. — Philippe II. — Les États-Unis. — L'éducation en Amérique. — L'esclavage aux États-Unis. — Le message de 1856. — La guerre civile aux États-Unis. — L'Amérique et la Révolution française. — Les horizons prochains. — Les lettres d'Éverard. — La loterie. — La manie des livres. — Sur un catalogue). 4ᵉ édit. 1 vol.

**L'État et ses limites** (L'État et ses limites. — La liberté antique et la liberté moderne. — Alexis de Tocqueville. — L'instruction publique et le suffrage universel. — Le droit de pétition suivant la constitution de 1852. — La question financière. — La France en Amérique. — Les États-Unis et la France. — Pourquoi le Nord ne peut accepter la séparation). 4ᵉ édition. . . . . . . . . 1 vol.

**Études sur l'Allemagne contemporaine et les pays slaves** (Le partage de la Pologne. — Goergei et Kossuth. — Les Serbes. — Les Albanais. — De Radowitz — Gervinus, etc.). 3ᵉ édit. 1 vol.

**Histoire des États-Unis d'Amérique**, depuis les premiers essais de colonisation jusqu'à l'adoption de la constitution fédérale (1620-1789). 4ᵉ édition. . . . . . . . . . . . . . . . . 3 vol.

**Discours populaires.** (Droit de réunion. — Éducation. — Bibliothèques. — Franklin. — Quesnay. — Horace Mann. — *Rhétorique populaire.*) 2ᵉ édition. . . . . . . . . . . . . . . 1 vol.

## CHANNING

TRADUCTION FRANÇAISE, AVEC INTRODUCTION ET NOTICES
PAR ÉDOUARD LABOULAYE

**Œuvres sociales.** (De l'Éducation personnelle. — De l'Élévation des classes ouvrières. — De la Tempérance. — Les Droits et les Devoirs des pauvres,) précédées d'un Essai sur la vie et la doctrine de Channing. . . . . . . . . . . . . . . . . . . . 1 vol.

**La liberté spirituelle et traités religieux** (L'Église.—Preuves du christianisme.— Caractère du Christ.— La religion est un principe social.— Le christianisme est une religion raisonnable) 1 vol.

**Le christianisme libéral.** . . . . . . . . . . . . . . 1 vol.

**De l'esclavage.** . . . . . . . . . . . . . . . . . . . . 1 vol.

**Œuvres littéraires, variétés,** etc. (sous presse).

## P. LANFREY

**Histoire de Napoléon Ier.** (Les tomes I à IV sont en vente). 6 vol.

**Études et portraits politiques** (L'Histoire du Consulat et de l'Empire de M. Thiers. — Daunou. — Carnot. — Armand Carrel. — M. Guizot. — M. Proudhon. — Le rétablissement de la Pologne. — Paris en Amérique. — Du régime parlementaire sous Louis-Philippe. — Un dernier mot sur Carnot.) . . . . . . . 1 vol.

**Histoire politique des papes.** Nouvelle édition. . . . 1 vol.

## THÉOPHILE LAVALLÉE

**Histoire des Français,** depuis le temps des Gaulois jusqu'en 1848; édition revue et corrigée par l'auteur. . . . . . . . 4 vol.

(Voir édition in-8° page 32.)

**Géographie physique, historique et militaire,** ouvrage adopté pour l'École militaire de Saint-Cyr. . . . . . . . 1 vol.

## AUGUSTIN THIERRY

**Histoire de la Conquête de l'Angleterre par les Normands,** de ses causes et de ses suites jusqu'à nos jours, en Angleterre, en Écosse, en Irlande et sur le Continent. — Nouvelle édition, suivie de la *Liste alphabétique des Conquérants de l'Angleterre,* et de la description de la *Tapisserie de Bayeux.* 1 vol.

## MIGNET

**Histoire de Marie Stuart.** . . . . . . . . . . . . . . 2 vol.

**Antonio Perez et Philippe II.** . . . . . . . . . . . . 1 vol.

**Mémoires historiques,** suivis de l'*Introduction à l'Histoire de la succession d'Espagne.* . . . . . . . . . . . . . . . 1 vol.

**Notices et portraits historiques et littéraires** (Sieyès, Rœderer, Livingston, le prince de Talleyrand, Broussais, Destutt de Tracy, Daunou, le comte Siméon, de Sismondi, Rossi, Cabanis, Droz, Franklin, etc., etc.). . . . . . . . . . . . . . . . 2 vol.

**Éloges historiques,** faisant suite aux notices et portraits. Nouvelle édition. . . . . . . . . . . . . . . . . . . . 1 vol.

**Charles-Quint,** SON ABDICATION, SON SÉJOUR ET SA MORT AU MONASTÈRE DE YUSTE. 7e édition. . . . . . . . . . . . . . . . 1 vol.

**Histoire de la Révolution française depuis 1789 jusqu'à 1814.** 9e édition. . 2 vol.

www.ingramcontent.com/pod-product-compliance
Ingram Content Group UK Ltd.
Pitfield, Milton Keynes, MK11 3LW, UK
UKHW012121240726
13965UKWH00005B/1883